中华经典
诵读本
第 一 辑

小四書

简体横排
大字注音
全本收录

谦德书院○编

团结出版社
Unity Press

© 团结出版社，2024 年

图书在版编目（ＣＩＰ）数据

中华经典诵读本 . 第一辑 / 谦德书院编 . — 北京：
团结出版社，2024. 11. — ISBN 978-7-5234-1194-0

Ⅰ. K203-49

中国国家版本馆 CIP 数据核字第 20249Z01J3 号

责任编辑：王思柠
封面设计：萧宇岐

出　版：团结出版社
　　　　　（北京市东城区东皇城根南街 84 号　邮编：100006）
电　话：（010）65228880　65244790
网　址：http://www.tjpress.com
E-mail：zb65244790@vip.163.com
经　销：全国新华书店
印　装：天宇万达印刷有限公司

开　本：145mm×210mm　32 开
印　张：27　　　　　　　字　数：350 千字
版　次：2024 年 11 月　第 1 版　　印　次：2024 年 11 月　第 1 次印刷

书　号：978-7-5234-1194-0
定　价：180.00 元（全九册）

出版说明

　　中华文明，有着五千多年的悠久历史，是世界上唯一流传至今、没有中断的文明。中华文明价值中最为重要的，就是祖先给我们留下的大量经典。这些典籍，薪火相传，一直流淌在中国人的血液中。

　　近年来，由于全社会对于弘扬中华优秀传统文化的高度重视，在大量志士仁人的努力推动下，中华传统文化逐渐迎来了复兴的春天。在此背景下，我们编辑出版了这一套《中华经典诵读本》，旨在弘扬中华优秀传统文化，延续传统，推动读经教育的普及。

　　本套读本采用简体、大字、横排、注音的形式，选择经典若干种，陆续分辑出版。采用简体横排，旨在顺应现代读者的阅读习惯。

　　大字，旨在方便儿童认识汉字，减少视觉疲劳。注音采用汉语拼音，旨在保证初学者读音准确。整套读本的经文底本和注音均参考历代注疏和诸家版本，严加校正，以求最善。

　　这套书不仅适合广大少年儿童作为读经教材，即便是成年人，读诵这些经典，也是大有益处的。古人云："旧书不厌百回读。"我们期待着，这些典籍能够家弦户诵，朗朗的读书声能传遍中华大地，让古老的中华文明，重新焕发出新的活力。

目 录

míng wù méng qiú
名物蒙求

nán sòng　fāng féng chén　zhuàn
（南宋）方逢辰　撰

扫一扫　听诵读

tiān zūn dì bēi　　qián kūn dìng wèi
天尊地卑，乾坤定位。

qīng qīng wéi tiān　zhòng zhuó wéi dì
轻清为天，重浊为地。

lì　hū tiān zhě　　rì　yuè xīng chén
丽乎天者，日月星辰。

rùn yǐ yù lù　　　gǔ　yǐ fēng tíng
润以雨露，鼓以风霆。

yún wéi hé xīng　　yǐ shuǐ zhī shēng
云维何兴？以水之升。

yǔ wéi hé jiàng　　yǐ yún zhī zhēng
雨维何降？以云之烝。

yáng wéi yīn xì　　fēng xuán biāo huí
阳为阴系，风旋飙回。

阳为阴蓄，迸裂而雷。

惟霁斯虹，惟震斯电。

散为烟霞，凝为雹霰。

日中则昃，月满则亏。

往来进退，消息盈虚。

时乎阳明，宇宙轩豁。

白日青天，光风霁月。

时乎阴浊，霾雾混茫。

曦娥受曈，彗孛生芒。

是以圣人，抑阴崇阳。

诗防霰雪，易戒冰霜。

丽乎地者，山川岳渎。

高平为原，窈深为谷。

山脊曰冈，山足曰麓。

邱言其高，阿言其曲。

tǔ shān wéi fù　　dà fù wéi líng
土山为阜，大阜为陵。

yán yá dǎo yǔ　　yǎn zhàng xiù cén
岩崖岛屿，巘嶂岫岑。

gū fēng qiào bì　　jué qiáo píng luán
孤峰峭壁，绝峤平峦。

fán cǐ zhī lèi　　jiē míng wéi shān
凡此之类，皆名为山。

tāo tāo zhě shuǐ　　juān juān zhě quán
滔滔者水，涓涓者泉。

jī wéi tān lài　　shēn wéi tán yuān
激为滩濑，深为潭渊。

yǒu yá yǒu sì　　yǒu yuán yǒu liú
有涯有涘，有源有流。

dù kǒu wéi jīn　　shā qì wéi zhōu
渡口为津，沙碛为洲。

chí zé bēi táng　　zhǔ tīng pǔ xù
池泽陂塘，渚汀浦溆。

kǎn jǐng bō tāo　　jiē lì hū shuǐ
坎井波涛，皆隶乎水。

xiǎo lù wéi jìng　　tōng dào wéi qú
小路为径，通道为衢。

nào zé shì jǐng　　jìng zé jiāo xū
闹则市井，静则郊墟。

lín pǔ yuàn yòu　　jiē wèi wéi yuán
林圃苑囿，皆谓为园。

qí chóu lǒng mǔ　　jiē wèi zhī tián
畦畴垄亩，皆谓之田。

gāo yuán xià xí　　xī mò dōng qiān
高原下隰，西陌东阡。

yì lěi zhī tǔ　　wàn mín zhī tiān
一耒之土，万民之天。

zūn wéi jīng dū　　bēi wéi jùn yì
尊为京都，卑为郡邑。

gāo chéng shēn chí　　chóng guān dié bì
高城深池，重关迭壁。

dòng lǐ miè miáo　　xiáo hán wáng qín
洞蠡灭苗，崤函亡秦。

xiǎn bù rú dé　　dì bù rú rén
险不如德，地不如人。

zhōng yú tiān dì　　wéi rén zuì líng
中于天地，惟人最灵。

ěr mù bí kǒu　　jù rén zhī xíng
耳目鼻口，具人之形。

dé qí qīng zhě　　shèng rén xián rén
得其清者，圣人贤人。

dé qí zhuó zhě　　yú fū fán mín
得其浊者，愚夫凡民。

dú shū wéi shì　　gēng tián wéi nóng
读书为士，耕田为农。

xíng shāng zuò gǔ　　jì yì bǎi gōng
行商坐贾，技艺百工。

shì wèi sì mín　　gè yǒu suǒ yè
是谓四民，各有所业。

qí wéi shì zhě　　háo jùn yīng jié
其为士者，豪俊英杰。

zhì xù wǔ diǎn　　wéi chí sān gāng
秩序五典，维持三纲。

jūn chén yǐ lì　　fù zǐ yǐ kuāng
君臣以立，父子以匡。

假之者霸，由之者王。

用之则治，不用则亡。

四民之外，僧道医卜。

或为佣工，皂隶僮仆。

人生而群，不可无教。

君仁臣忠，父慈子孝。

别而夫妇，信而友朋。

长幼有序，是谓人伦。

出而交际，师友主宾。

入而亲睦，伯叔弟兄。

诸姑姊妹，皆父党亲。

曰姨曰舅，母党之姻。

高曾祖父，在己身前。

由己而后，子孙曾玄。

是为九族，教人亲亲。

妻父曰婚，婿父曰姻。

同姓之亲，宗族百世。

异姓之亲，姑舅甥婿。

生民有欲，无主则争。

乃立之君，辅以公卿。

大夫及士，分职朝廷。

外置诸侯，各治其民。

封建一变，为郡为县。

乃置守令，佐以丞掾。

小争则讼，大争则兵。

乃置军旅，将帅专征。

以御蛮夷，以遏寇贼。

凡此设官，皆为民极。

民物之初，同一太极。

全者为人，偏者为物。

物有知者，鸟兽之属。

物无知者，为草为木。

椅桐梓杞，梗楠豫章。

杶桧栝柏，皆材之良。

枫柞梧楸，惟邓林木。

筠篁筱簜，惟渭川竹。

松柏后凋，蒲柳先零。

大则栋梁，小则薪蒸。

棕长则剥，漆茂则刳。

能不如拙，智不如愚。

不才自寿，惟樗惟栎。

长恶自伐，惟荆惟棘。

桑柘可丝，麻枲可织。

草木之功，此为第一。

园林富贵，桃李秾华。

清明杏雨，寒食梨花。

海棠夸蜀，牡丹盛唐。

药翻禁掖，薇对省郎。

紫槿朱榴，棣棠石竹。

含笑蔷薇，凤仙罂粟。

荼蘪架上，萱草庭前。

瑞香茉莉，山矾水仙。

孰为幽贞，一扫浮丽。

冬雪癯梅，秋风老桂。

南国山茶，散火雪霜。

兰生深林，自遁于荒。

濂溪爱莲，陶潜爱菊。

莲不受污，菊拔流俗。

夏葵向日，乃心太阳。

秋蓉拒霜，以质而章。

花发其英，果敛其实。

以充笾豆，棋榛枣栗。

梅入商鼎，杏登孔坛。

橘不逾淮，荔走长安。

仁杏得名，去外食心。

核桃得名，去肉取仁。

楂梨菱芡，樱笋枇杷。

采莲折藕，沉李浮瓜。

梁圆樿柿，唐真柑橙，

大柚小橘，同类异名。

孰如五谷，能养万民。

黍稷菽麦，与稻则均。

种之曰稼，敛之曰穑。

其穗曰颖，其实曰粒。

可酿者秫，可炊者粳。

惟蔬与菜，可以芼羹。

频繁召南，葵菽豳风。

春初早韭，秋末晚菘。

蒌蒿之苗，荻笋之茁。

苣苦荠甘，芥辛蒪滑。

脆琼芦菔，甜冰蔓菁。

西风菰芋，深雪菠荬。

笋蕨葱薤，瓜瓠苋蒲。

可以为齑，可以为菹。

乱为莨稗，反害稼穑。

蔓为藤罗，旁附荆棘。

腐气为菌，朝生夕枯。

阴润为苔，不划则鉏。

其生无根，曰水上萍。

青蒲翠荇，红蓼白蘋。

待霜葭菼，鸣雨芭蕉。

或比小人，蒿艾蓬萧。

为蕕杂薰，为资及葹。

或比君子，为兰为芝。

茝蘅芳芷，荃蕙江蓠。

丝苓相附，蓬麻夹持。

木身为干，别为枝条。

木末曰杪，枝杪曰梢。

方苞为蕊，下承为萼。

结子为实，陨叶为萚。

始生曰茁，再生曰蘖。

复命归根，勾伸甲坼。

草木之外，鸟兽虫豸。

彼虽微物，亦有天理。

蜂蚁君臣，虎狼父子。

cí wū fǎn bǔ　　gāo yáng guì rǔ
慈乌反哺，羔羊跪乳。

jū jiū yǒu bié　　hóng yàn yǒu xù
雎鸠有别，鸿雁有序。

chái tǎ bào běn　　quǎn mǎ liàn zhǔ
豺獭报本，犬马恋主。

zōu bù lǚ cǎo　　wù shāng hū wù
驺不履草，恶伤乎物。

hú bì shǒu qiū　　bú wàng suǒ chū
狐必首丘，不忘所出。

shòu yǒu qí lín　　qín yǒu fèng huáng
兽有麒麟，禽有凤凰。

shì zhì zé chū　　shì luàn zé cáng
世治则出，世乱则藏。

yuān fēi lì tiān　　gāo líng yún yān
鸢飞戾天，高凌云烟。

péng bó jiǔ wàn　　shùn fēng gū qiān
鹏搏九万，顺风孤骞。

hú jǔ qiān lǐ　　hè míng jiǔ gāo
鹄举千里，鹤鸣九皋。

yuān chú yuè zhuó　　jiē wéi yì máo
鹓雏鸑鷟，皆为异毛。

wéi bǐ zhì qín　　néng chū niǎo què
维彼鸷禽，能出鸟雀。

wéi zhān wéi gǔ　　yīng sǔn diāo è
维鹯维鹘，鹰隼雕鹗。

xuān jiū zhòng qín　　gè shì qí qíng
喧啾众禽，各适其情。

shī jiū míng yǔ　　bù gǔ cuī gēng
鸤鸠鸣雨，布谷催耕。

běi yàn bīn qiū　　shǔ juān sòng chūn
北雁宾秋，蜀鹃送春。

yīng lí qiú yǒu　　yàn què yī rén
莺鹂求友，燕雀依人。

shuǐ qín yuān lù　　ōu fú zhī shǔ
水禽鸳鹭，鸥凫之属。

jiā qín hàn yīn　　fěi é yī wù
家禽翰音，匪鹅伊鹜。

wéi bǐ è niǎo　　wéi chī wéi xiāo
维彼恶鸟，为鸱为鸮。

dú rén yuē zhèn　　bú xiào yuē xiāo
毒人曰鸩，不孝曰枭。

shòu zé niú yáng　　quǎn shǐ mí lù
兽则牛羊，犬豕麋鹿。

yáng zǐ yuē gāo　　niú zǐ yuē dú
羊子曰羔，牛子曰犊。

shǐ zǐ yuē tún　　lù zǐ yuē mí
豕子曰豚，鹿子曰麛。

quǎn shǔ wéi shī　　shī zǐ yuē ní
犬属为狮，狮子曰猊。

shú wéi měng shòu　　hǔ bào xióng pí
孰为猛兽？虎豹熊罴。

wéi xī wéi xiàng　　wéi xiū wéi pí
为犀为象，为貅为貔。

mǎ chēng qí cái　　qí jì huá liú
马称其才，骐骥骅骝。

shòu è qí zhà　　xīng jū yuán hóu
兽恶其诈，猩狙猿猴。

shí shǔ wǔ jì　　jiǎo tù sān xué
鼯鼠五技，狡兔三穴。

技多则穷，巧多则拙。

狐凭于城，则不可焚。

鼠依于社，则不可熏。

凡此之类，以比小人。

羽毛之外，又有介鳞。

天池之鲲，龙门之鲤。

曰鲸曰鲵，鲈鳜鳣鲔。

凡此之类，谓之鳞虫。

鳞虫之长，曰蛟曰龙。

如彼介虫，鼋鼍龟鳖。

为蟹为虾，螺蚌蜗蛤。

维彼倮虫，无鳞介羽。

蚯蚓蜥蜴，鳅鳝蛇虺。

他如微物，总曰虫豸。

鸣为蝉蛩，网为蛛蟢。

湿腐为蚋，草腐为萤。

飞为蜂蝶，螫为蚊蝇。

蠹木曰蚁，害稼曰螟。

维此原蚕，衣被万民。

天地之初，既有民物。

苟无四时，何以作息？

春生夏长，秋收冬藏。

春为木德，盛于东方。

草木甲坼，鸟兽孳育。

人民在田，播种百谷。

夏为火德，万物欣荣。

人民在田，以籽以耘。

金行于秋，万物敛揪。

是为西成，无种不收。

冬为水德，万物闭塞。

sān shí wù nóng　　yì shí xiū xī
三时务农，一时休息。

sì shí zhī nèi　　měi jǐng liáng chén
四时之内，美景良辰。

hán shí jìn huǒ　　yuán xī fàng dēng
寒食禁火，元夕放灯。

shàng sì liú bēi　　qīng míng chā liǔ
上巳流杯，清明插柳。

duān wǔ pú shāng　　chóng yáng jú jiǔ
端午蒲觞，重阳菊酒。

qī xī chuān zhēn　　zhōng qiū shǎng guì
七夕穿针，中秋赏桂。

dōng zhì shū yún　　chú yè shǒu suì
冬至书云，除夜守岁。

shēng mín zhī chū　　wèi yǒu huǒ shí
生民之初，未有火食。

shǐ zì páo xī　　jiāo mín páo zhì
始自庖牺，教民炮炙。

shēng mín zhī chū　　wèi yǒu lì shí
生民之初，未有粒食。

shǐ zì nóng jì　　jiāo mín jià sè
始自农稷，教民稼穑。

gǔ zhī shèng xián　　fèng jǐ shèn bó
古之圣贤，奉己甚薄。

fàn yǐ lì liáng　　gēng yǐ lí huò
饭以粝粱，羹以藜藿。

yǔ wù zhǐ jiǔ　　kǒng fàn shū shí
禹恶旨酒，孔饭疏食。

xiào yǐ shū shuǐ　　lǐ yǐ jī shǔ
孝以菽水，礼以鸡黍。

shì zhī yú rén　　zuì nóng bǎo xīng
世之愚人，醉醲饱腥。

wàn qián xià zhù　　wǔ dǒu jiě chéng
万钱下箸，五斗解酲。

pán yǒu yáo hé　　zhuàn yǒu shān hūn
盘有殽核，馔有膻荤。

cuì fǔ zǐ tuó　　yù pán sù lín
翠釜紫驼，玉盘素鳞。

jiě yuán ér fán　　pēng lóng páo yù
解鼋胹蹯，烹龙炮玉。

wèi bó jī yán　　shí yàn liáng ròu
味薄齑盐，食厌粱肉。

yì yǒu shèng xián　　wéi lǐ bó hòu
亦有圣贤，为礼薄厚。

zhòng ní fán ròu　　mù shēng lǐ jiǔ
仲尼膰肉，穆生醴酒。

yì yǒu jūn zǐ　　shì wèi zhī qīng
亦有君子，嗜味之清。

yǔ láng zhī jiǔ　　zhāng hàn zhī chún
庾郎之韭，张翰之莼。

yǐn shí zhī mò　　huò fú zhī jī
饮食之末，祸福之机。

sòng gēng zhī piān　　huà zhī fù shī
宋羹之偏，华之覆师。

lǔ jiǔ zhī bó　　hán dān shòu wéi
鲁酒之薄，邯郸受围。

shì gù jūn zǐ　　bì jǐn qí wēi
是故君子，必谨其微。

shēng mín zhī chū　　wèi yǒu yī fu
生民之初，未有衣服。

huò yì yǔ pí　　huò yì cǎo mù
或衣羽皮，或衣草木。

zhōng gǔ shèng rén　　yì yǐ yī cháng
中古圣人，易以衣裳。

yóu pǔ ér wén　　yóu lüè ér xiáng
由朴而文，由略而详。

guān yuē biàn miǎn　　jù yuē lǚ xì
冠曰弁冕，屦曰履舄。

yǒu zān yǒu yīng　　yǒu qú yǒu yì
有簪有缨，有絇有繶。

dà dài yuē shēn　　bì xī yuē fú
大带曰绅，蔽膝曰韨。

héng huáng wéi pèi　　zǔ shòu wéi fú
珩璜为佩，组绶为绂。

wán kù gōng zǐ　　jǐn zhàng háo jiā
纨绔公子，锦幛豪家。

chǔ kè zhū lǚ　　yáng yí jǐn huā
楚客珠履，杨姨锦花。

xià ér chī xì　　dōng ér hú hé
夏而絺绤，冬而狐貉。

zhòu rì xiù yī　　xiāng fēng luó mù
昼日绣衣，香风罗幕。

suō lì mù zǐ　　bó shì gēng fū
蓑笠牧子，袯襫耕夫。

zú suì wú hè　　píng shēng wú rú
卒岁无褐，平生无襦。

jì zhì gāo rén　　róng cháng yì kè
芰制高人，蓉裳逸客。

shù hè cháng jū　　jiǎo jīn duǎn zé
裋褐长裾，角巾短帻。

亦有矫情，伪为洁己。

孝廉垢衣，丞相布被。

惟儒守正，其服必端。

章甫逢掖，博带峨冠。

生民之初，穴处巢居。

中古圣人，易以室庐。

以御风雨，上栋下宇。

以御冬寒，塞向墐户。

单扉曰户，两户曰门。

门阃曰阆，守户曰阍。

户扇为扉，户本为枢。

境门曰关，里门曰闾。

内寝曰室，外寝曰堂。

门侧为塾，两庑为厢。

寄托曰庐，居土曰舍。

累土曰台，有屋曰榭。

周垣曰院，堂前为庭。

客舍曰馆，停止曰亭。

门关禁暴，栏杆防危。

窗牖明通，阶阰等差。

天子之居，堂尊陛卑。

金门玉阙，紫殿丹墀。

昔之圣贤，示民以质。

尧尚茅茨，禹卑宫室。

朴桷不斫，土阶无华。

胡为后王，改俭为奢。

峻宇雕墙，丹楹刻桷。

五步一楼，十步一阁。

秦皇阿房，汉武建章。

临春结绮，花萼披香。

hóu wáng jiǎ dì　　gōng zǐ háo jiā
侯王甲第，公子豪家。

huà dòng fēi yún　　xiù méng jié xiá
画栋飞云，绣甍结霞。

wǔ xiè gē lóu　　liáng tái yù guǎn
舞榭歌楼，凉台燠馆。

yán hè gāo rén　　xī shān wěi guān
岩壑高人，溪山伟观。

yào fáng sūn bì　　zhú hù sōng guān
药房荪壁，竹户松关。

bái yún yì wū　　míng yuè sān jiān
白云一屋，明月三间。

rú zhě zhī jū　　qí shì huán dǔ
儒者之居，其室环堵。

guī dòu bì mén　　wèng yǒu péng hù
圭窦筚门，瓮牖蓬户。

tài gǔ zhī chū　　wèi yǒu yòng qì
太古之初，未有用器，

shèng rén shǐ jiào　　chuàng wù yǐ zhì
圣人始教，创物以智。

wéi wǎng wéi gǔ　　jiào mín tián yú
为网为罟，教民佃渔。

wéi lěi wéi sì　　jiào mín zī shē
为耒为耜，教民菑畲。

chǔ jiù zhōu chē　　xián hú yǎn shǐ
杵臼舟车，弦弧剡矢。

qì wù zhī xīng　　lǐ yuè yǐ qǐ
器物之兴，礼乐以起。

gǔ rén fán shǔ　　wèi yǒu zèng fǔ
古人燔黍，未有甑釜。

póu yǐn wū zūn　　kuì fú tǔ gǔ
抔饮污尊，蒉桴土鼓。

yóu pǔ ér wén　　dǐng nài jí zī
由朴而文，鼎鼐及鼒。

biān dòu fǔ guǐ　　hú zūn léi yí
笾豆簠簋，壶尊罍彝。

yǐn yǐ jué zhǎn　　fá yǐ zhì gōng
饮以爵盏，罚以觯觥。

wèng yǐ shí hǎi　　zǔ yǐ zài shēng
瓮以实醢，俎以载牲。

zàn yǐ wéi guàn　　xǐ yǐ wéi guàn
瓒以为灌，洗以为盥。

lǐ xíng yuè xīng　　dēng gē xià guǎn
礼行乐兴，登歌下管。

táng shàng zhī yuè　　jiá jī míng qiú
堂上之乐，戛击鸣球。

bó fǔ qín sè　　yǐ gē yǐ ōu
搏拊琴瑟，以歌以讴。

táng xià zhī yuè　　xiāo guǎn táo gǔ
堂下之乐，箫管鼗鼓。

jiàn yǐ shēng yōng　　zuò zhù zhǐ yǔ
间以笙镛，作柷止敔。

biān qìng wéi shí　　biān zhōng wéi jīn
编磬为石，编钟为金。

gé zé gǔ táo　　sī zé qín sè
革则鼓鼗，丝则琴瑟。

xūn tǔ shēng páo　　yuè dí wéi zhú
埙土笙匏，龠笛为竹。

shú wéi mù yīn　　rú yǔ rú zhù
孰为木音？如敔如柷。

cán gēng zhī qì　　bó chuí jǔ kuāng
蚕耕之器，薄槌筥筐。

jī zhù wéi bó　　jiǎn chǐ wéi cháng
机杼为帛，剪尺为裳。

lěi sì chú lí　　běn chā kuì diào
耒耜鉏犁，畚锸蒉篠。

yú jiā zhī qì　　piān zhōu duǎn zhào
渔家之器，扁舟短棹。

xuě suō yù lì　　làng jiǎng yān gāo
雪蓑雨笠，浪桨烟篙。

shāng gě wàn duò　　mán bó qiān sōu
商舸万柁，蛮舶千艘。

fān yǐng qiū fēng　　lǔ shēng yuè yè
帆影秋风，橹声月夜。

jiǔ jiā zhī qì　　bēi pán zhǎn jiǎ
酒家之器，杯柈盏斝。

zūn hú píng léi　　gōng shāng zhī jué
樽壶瓶罍，觥觞卮爵。

yīng wèng cáo chōu　　kē gū zhōng sháo
罂瓮槽篘，榼觚钟勺。

sēng jiā zhī qì　　gǔ qìng zhōng yú
僧家之器，鼓磬钟鱼。

dào jiā zhī qì　　chá zào dān lú
道家之器，茶灶丹炉。

gōng zhàn zhī qì　　jīn gǔ náo zhuó
攻战之器，金鼓铙镯。

jiǎ zhòu gē máo　　jiàn gōng dāo shuò
甲胄戈矛，剑弓刀矟。

wéi rú hé yòng　　shēn bèi bǎi gōng
惟儒何用？身备百工。

tǐ wú bú jù　　yòng wú bù tōng
体无不具，用无不通。

xì rù háo lí　　dà bāo tiān dì
细入毫厘，大包天地。

yí guàn jīng cū　　dào bù lí qì
一贯精粗，道不离器。

xìng lǐ zì xùn
性理字训

nán sòng chéng ruò yōng zhuàn
（南宋）程若庸 撰

扫一扫 听诵读

zào huà dì yī
造化第一

zhì lǐ hún rán　　chōng mò wú zhèn　　zào huà shū niǔ　　pǐn huì
至理浑然，冲漠无朕，造化枢纽，品汇

gēn dǐ　　shì yuē tài jí
根柢，是曰太极。

yí qì yǎng rán　　chōng sè tài xū　　dòng jìng zhōu liú　　zào huà
一气块然，充塞太虚，动静周流，造化

fā yù　　shì yuē yuán qì
发育，是曰元气。

qì dòng ér jiàn　　néng shǐ wàn wù　　qí shù yě jī　　shì zhī
气动而健，能始万物，其数也奇，是之

谓阳。

气静而顺，能成万物，其数也偶，是之

谓阴。

得气之阳，轻清成象，运乎地外，大无

不覆，主于生物，是之谓天。

得气之阴，重浊成形，函于天中，广无

不载，主于成物，是之谓地。

为阳之性，为天之德，健而无息，是之

谓乾。

为阴之性，为地之德，顺而有常，是之

谓坤。

气运于天，循环无端，春木夏火，秋金

冬水。土为冲气，寄王四时，是曰五行。

质生于地，自微而著，润下炎上，曲直

从革，土兼载之，而能稼穑，是曰五材。

万物之生，于时为春，气为少阳，天道
之始，是之谓元。

万物之长，于时为夏，气为老阳，天道
之通，是之谓亨。

万物之遂，于时为秋，气为少阴，天道
之宜，是之谓利。

万物之成，于时为冬，气为老阴，天道
正固，是之谓贞。

形而上者，无声无臭，是之谓道。

形而下者，有方有体，是之谓器。

自然之理，是之谓天。

主宰万化，是之谓帝。

以二气言，阳灵为魂，阴灵为魄。以一
气言，气至而伸，气往而屈，皆曰鬼神。

一气流行，变通不穷，两仪对峙，交错

代换，是皆谓易。

寖长有形，为化之渐，消融无迹，为变之成，是谓变化。

阳动阴静，合一不测，二气消长，推行有渐，是谓神化。

维天之命，於穆不已，无声无臭，是曰道体。

阴阳之运，消息始终，生生不穷，是曰造化。

造化本原，广大精微，进学之始，未易骤窥。夫苟茫然，不知梗概，求端用力，何所底止？列诸篇端，究其名义，终身向望，是为极致。

情性第二

元亨利贞，自然之理，是曰天道。

人伦日用，当然之则，是曰人道。

天理流行，赋予万物，是之谓命。

人所禀受，贤愚厚薄，是之谓分。

古今人物，本本原原，初无或异，是曰理一。

亲疏贵贱，贤愚厚薄，万有不齐，是曰分殊。

禀于天者，有清有浊，有美有恶，是之谓气。

受于人者，或明或昏，或粹或杂，是之谓质。

天地之心，鬼神之会，灵于万物，能推所为，是之谓人。

动植之类，形气之偏，拘于所禀，而不能推，是之谓物。

所禀厚薄，所遇盛衰，是曰天命。

所主邪正，所行是非，是曰人事。

禀于天理，莫匪至善，是之谓性。

主于吾身，统乎性情，是之谓心。

感物而动，分乎善恶，是之谓情。

心具五常，不虑而知，是曰良知。

身备万善，不学而能，是曰良能。

口鼻嘘吸，思虑谋画，气之神也，是之谓魂。

耳目聪明，记忆辨别，精之灵也，是之谓魄。

心体虚明，能知能觉，是之谓灵。

性之所能，无有不善，质之所能，有善有恶，是皆谓才。

心之所之，趋向期必，能持于久，是之谓志。

心之所发，思惟念虑，欲有所为，是之谓意。

禀命之元，具爱之理，为心之德，其端恻隐，是之谓仁。

禀命之亨，具恭之理，为心之敬，其端辞让，是之谓礼。

禀命之利，具宜之理，为心之制，其端羞恶，是之谓义。

禀命之贞，具别之理，为心之觉，其端是非，是之谓智。

人伦事物，当然之理，公平广大，人所共由，是之谓道。

道之界辨，精密有条，各止其所，确然不易，是之谓理。

道得于心，蕴而不失，是之谓德。

道著于事，积而有成，是之谓业。

真实无妄，始终不息，表里不杂，天之道也，是之谓诚。

循物无违，四端百行，必以其实，人之道也，是之谓信。

静而未发，无所偏倚，为性之德，是之谓中。

发必中节，无所乖戾，为情之正，是之谓和。

性之所存，中而不偏，天下之理，皆由

此出，是曰大本。

情之所发，和而不乖，古今人物，所共由之，是曰达道。

万善之本，全体具焉，是曰大德。

全体之分，片善存焉，是曰小德。

方其静也，统宗会元，万有毕该，是之谓体。

及其动也，泛应酬酢，随事发见，是之谓用。

理义所根，体统所系，事所由出，是之谓本。

声色所形，简册所载，杂而有伦，是之谓文。

天则之常，叙而有法，是之谓彝。

德行之常，久而不易，是之谓庸。

心涵万理，虚灵洞彻，是曰明德。

事物准则，极其纯粹，是曰至善。

充养刚大，配乎道义，是曰浩气。

人之一心，神明不测，具此众理，而应万事。寂然不动，此理固存，感而遂通，非由外铄。仁包四者，该乎万善，求仁得仁，斯一以贯。

学力第三

修道明伦，以觉乎人，是之谓教。

未知未能，必效诸人，是之谓学。

己知己能，必熟诸己，是之谓习。

洒扫应对，诗书六艺，收其放心，养其德性，是曰小学。

穷理正心，修己治人，知必周知，成不
独成，是日大学。

事事物物，研穷其理，表里精粗，欲无
不察，是日格物。

心所觉悟，推诣其极，全体大用，欲无
不明，是日致知。

身所践履，百倍其功，变移气习，弗笃
弗措，是日力行。

通乎动静，主一无适，是之谓敬。

贯乎始终，不息不杂，是之谓一。

发己自尽，是之谓忠。

推己及物，是之谓恕。

善事父母，是之谓孝。

善事兄长，是之谓弟。

仁义中正，常本乎寂，是日主静。

幽隐细微，必谨其几，是曰慎独。

蒙昧之时，育其纯一，是曰养正。

器识之偏，推致其极，是曰致曲。

学问无穷，必究其理，是曰博文。

检束有要，必循其则，是曰约礼。

恭敬奉持，全其天理，曰尊德性。

警觉操存，反其昏妄，曰求放心。

物格知至，声入心通，洞彻无疑，是曰
知言。

主敬集义，勿忘勿助，刚大无惧，是曰
养气。

勇之所存，坚实强劲，不屈于物，是之
谓刚。

刚之所发，奋决果敢，见义必为，是之
谓勇。

操而不舍，是之谓存。

顺而不害，是之谓养。

义理之心，因困而作，是曰动心。

气质之性，习险而矫，是曰忍性。

获胜其私，物欲净尽，是曰克己。

善反其初，天理流行，是曰复礼。

为学之要，存乎立志，持志之道，存乎敬义。主敬立本，精义致知，交养互发，内外无违。沉潜玩索，践履不已，日新又新，圣贤可跂。

善恶第四

天命流行，於穆不已，其赋于人，为性之善，是曰天理。

喜怒哀乐，声色臭味，感物而动，易流于私，是曰人欲。

知觉之发，原于性命，是曰道心。

知觉之发，生于形气，是曰人心。

无为而为，天理之宜，是之谓义。

有为而为，人欲之私，是之谓利。

物我兼照，坦然一致，是之谓公。

物我角立，纷然万殊，是之谓私。

反乎天理，日进高明，是曰上达。

徇乎人欲，日究污下，是曰下达。

纯粹无妄，天理之名，是之谓善。

凶暴无道，有心悖理，是之谓恶。

谬误非终，无心失理，是之谓过。

正固严毅，是曰刚善。

猛隘强梁，是曰刚恶。

慈顺卑逊，是曰柔善。

懦弱邪佞，是曰柔恶。

以道为非，拒而不信，堕于刚恶，是曰自暴。

以道为高，惮而不为，堕于柔恶，是曰自弃。

矜夸气盈，吝之枝叶，是之谓骄。

鄙啬气歉，骄之本根，是之谓吝。

罪自外至，是之谓尤。

理自内出，是之谓悔。

智者过之，行有不掩，是之谓狂。

贤者过之，见有未明，是之谓狷。

德性之刚，持守不变，志气之勇，力行不息，是之谓强。

气禀不刚，阴柔怯懦，志操不立，委靡

颓堕，是之谓弱。

百家众技，不能相通，是曰小道。

邪说诐行，戾乎正道，是曰异端。

理之和顺，气之嘉祥，是之谓吉。

理之悖违，气之乖沴，是之谓凶。

事虽未著，理则已明，是之谓几。

阴反而阳，恶反而善，是之谓复。

人非圣贤，孰能无过？过而不改，斯恶之大。迁善风俗，改过雷决，百倍其功，气习变化。

成德第五

心之虚灵，洞明此理，全体大用，举无或蔽，是曰知至。

理之精微，洞烛于心，一事一物，皆明其则，是曰知止。

穷理之精，智识超迈，是曰知崇。

循理之笃，践履切至，是曰礼卑。

至诚无息，至明无蔽，巨细精粗，毫发不遗，是曰尽性。

体无不统，用无不周，充极其量，毫发无疑，是曰尽心。

念虑所发，真实无妄，是曰意诚。

心体所存，中正不偏，是曰心正。

当然之则，必至不迁，是之谓止。

若动若静，各止其所，是之谓定。

宽广有容，足以任重，是之谓弘。

坚忍特立，足以致远，是之谓毅。

推广善端，满其所受，是之谓充。

理无不通，行无不得，是之谓达。

禀气清明，不思而得，是曰生知。

赋质纯粹，不勉而中，是曰安行。

性焉安焉，出类拔萃，是之谓圣。

复焉执焉，可久可大，是之谓贤。

至诚尽性，充其形色，是曰践形。

与道为一，无间乎天，是曰至命。

道明德立，无所疑惧，曰不动心。

从心所欲，自然方正，曰不逾矩。

大中至正，百圣相传，是曰道统。

心理浑然，泛应曲当，是曰一贯。

至诚无息，与天为一，是曰天德。

天爵尊荣，无假于外，是曰良贵。

生知安行，圣不出世，思得勉中，圣可

驯致。舍是而求，标的不立，差之毫厘，谬

治 道 第 六
_{zhì dào dì liù}

法 制 禁 令， 劝 励 防 闲， 以 正 乎 人， 是 曰
善 政。

仁 义 礼 乐， 渐 摩 涵 养， 以 淑 乎 人， 是 曰
善 教。

制 度 品 节， 正 其 纲 纪， 防 其 慢 易， 以 立
其 敬， 是 之 谓 礼。

声 律 歌 舞， 养 其 性 情， 宣 其 湮 郁， 以 全
其 和， 是 之 谓 乐。

体 道 之 常， 弥 纶 天 地， 天 下 后 世， 所 不
能 易， 是 之 谓 经。

达 道 之 变， 因 时 制 宜， 以 济 乎 经， 之 所

bù jí　　shì zhī wèi quán
不及，是之谓权。

jīng cháng zhī fǎ　　zài zhū fāng cè　　wàn shì wú bì　　shì zhī
经常之法，载诸方策，万世无弊，是之
wèi diǎn
谓典。

dāng rán zhī lǐ　　yù zhū shì wù　　zhōng zhèng yǒu zhǔn　　shì zhī
当然之理，寓诸事物，中正有准，是之
wèi zé
谓则。

dào yì zhī zhèng　　zhì dù zhī yán　　rén suǒ dāng shǒu　　shì zhī
道义之正，制度之严，人所当守，是之
wèi fǎ
谓法。

fǎn gōng zì xǐng　　jìn dé xiū yè　　bù zé hū rén　　shì yuē
反躬自省，进德修业，不责乎人，是曰
zhèng jǐ
正己。

tuī wú zào huà　　gé qí jiù rǎn　　yǐ fù yú shàn　　shì yuē
推吾造化，革其旧染，以复于善，是曰
xīn mín
新民。

dòng jìng yún wéi　　quán zhī yǐ yì　　gè dāng qí kě　　wú guò
动静云为，权之以义，各当其可，无过
bù jí　　shì yuē shí zhōng
不及，是曰时中。

shàng xià sì páng　　duó zhī yǐ jǐ　　gè dé qí píng　　wú yǒu
上下四旁，度之以己，各得其平，无有
guǎng xiá　　shì yuē xié jǔ
广狭，是曰絜矩。

shēn zhī suǒ jīng　　xī rán pī biàn　　shì yuē guò huà
身之所经，翕然丕变，是曰过化。

xīn zhī suǒ zhǔ　　bù jí ér sù　　shì yuē cún shén
心之所主，不疾而速，是曰存神。

wèi wéi zhì zūn　　dé wéi zhì shèng　　jū zhōng zuò zé　　shì yuē
位为至尊，德为至盛，居中作则，是曰

huáng jí
皇极。

chéng tiān zhī tǒng　　xíng tiān zhī dào　　jì zhì shù shì　　shì yuē
承天之统，行天之道，继志述事，是曰

tiān zǐ
天子。

shù jì xián xī　　sì fāng fēng dòng　　cháng zhì jiǔ ān　　shì yuē
庶绩咸熙，四方风动，长治久安，是曰

dà shùn
大顺。

shù ér wèi fù　　zhì ér wèi jiào　　gǒu ān jǐn zú　　shì yuē
庶而未富，治而未教，苟安仅足，是曰

xiǎo kāng
小康。

rén yì dé lǐ　　jiàn mó sī shì　　rén suǒ guī wǎng　　shì zhī
仁义德礼，渐摩斯世，人所归往，是之

wèi wáng
谓王。

gōng lì zhì lì　　bǎ chí sī shì　　rén suǒ wèi fú　　shì zhī
功利智力，把持斯世，人所畏服，是之

wèi bà
谓霸。

wǔ dì sān wáng　　jì tiān lì jí　　dào chuán dà tǒng　　shí zhēn
五帝三王，继天立极，道传大统，时臻

盛治。道学不传，治本不立，汔可小康，民不见德，猗欤休哉。斯文在天，五星集奎，一生圣贤，惟周与程，统接孟子，继以朱子，疏源浚委，斯道大明，如日方中，匪盲匪聩，宁不率从？蠡测管窥，眇焉后学，辑所见闻，质诸先觉。

历代蒙求
lì dài méng qiú

（元）陈栎 撰
yuán chén lì zhuàn

扫一扫 听诵读

太极既判，高下定位。轻清为天，重浊
tài jí jì pàn　gāo xià dìng wèi　qīng qīng wéi tiān　zhòng zhuó

为地。中处者人，必立之君。三皇五帝，世
wéi dì　zhōng chǔ zhě rén　bì lì zhī jūn　sān huáng wǔ dì　shì

质民淳。伏羲画卦，更造书契。炎帝神农，
zhì mín chún　fú xī huà guà　gèng zào shū qì　yán dì shén nóng

教民耒耜。黄帝轩辕，神化宜民。始垂衣
jiāo mín lěi sì　huáng dì xuān yuán　shén huà yí mín　shǐ chuí yī

裳，皇风愈惇。皇降而帝，少昊有作。颛顼
cháng　huáng fēng yù dūn　huáng jiàng ér dì　shào hào yǒu zuò　zhuān xū

继之，授于帝喾。唐帝曰尧，舍子丹朱。询
jì zhī　shòu yú dì kù　táng dì yuē yáo　shě zǐ dān zhū　xún

事考言，让于有虞。舜德重华，乐曰韶舞。
shì kǎo yán　ràng yú yǒu yú　shùn dé chóng huá　yuè yuē sháo wǔ

亦舍商均，让于大禹。惟此五帝，实官天下。

家天下者，始于有夏。启贤继能，禹因传启。三王传子，实始于此。桀虐而亡，共十七君。祚四百年，商汤代兴。太甲太戊，盘庚武丁。凡六七君，贤圣挺生。纣为无道，罪浮于桀。祚六百年，为周所灭。

周自后稷，积德累仁。文王宣王，犹服事殷。武王伐纣，天下归周。卜世卜年，古今无俦。成康俱贤，泰和极治。平王东迁，春秋攸始。五霸相继，尊周为名。降为战国，七雄分争。赧王入秦，周历遂讫。享年最永，八百七十。

秦并六国，狼吞虎噬。谓兼三五，始称皇帝。尽扫良法，焚书坑儒。二世而亡，咸阳为墟。

汉高勃兴，宽仁大度。诛秦戚项，光启炎祚。当时股肱，萧何曹参。萧与张韩，人杰为三。文景恭俭，休养生息。武帝穷黩，孝宣总核。元成柔弱，哀平短祚。王莽篡窃，实开光武。同符高帝，西汉遂东。三世贤主，显宗肃宗。传世十二，终于灵献。汉祚四百，人心未厌。

曹操子丕，篡汉为魏。帝室之胄，蜀主刘备。吴主孙权，开国江东。三分鼎峙，各为长雄。孰能一之？晋司马氏。历懿师昭，炎为武帝。开基肇乱，子愚妇逆。怀愍孤立，擒于刘石。元帝渡江，国曰东晋。十世而亡，宋武应运。

自晋中微，群胡云扰，五凉四燕，三秦

二赵，一夏一蜀，纷纷僭窃。正朔相承，独

推建业。僭窃俱亡，弁于元魏。南北分王，

垂三百祀。元魏迁洛，亦曰贤君。南历五

朝，宋齐梁陈。宋始刘裕，齐萧道成。萧衍

梁继，霸先陈兴。元魏之衰，分而为二。高

及宇文，各篡其位。高为北齐，宇文弁之。

宇文之周，又灭于隋。

隋主杨坚，本无功德。平陈后主，幸尔

混一。再传炀帝，以奢侈亡。天亦厌乱，业

归李唐。

唐起义兵，始于高祖。佐以太宗，实为

英主。十八学士，号为登瀛。贤相房杜，共

致太平。继以玄宪，称唐三宗。闺门多惭，

杂以夷风。外乱藩镇，内乱宦官。讫于唐

亡，亦三百年。

五代继之，始于朱梁。唐李存勖，晋石敬瑭。汉刘知远，周祖郭威。共五十年，君如弈棋。

于时十国，各据偏方。二汉二蜀，吴楚南唐。荆闽吴越，纷然僭窃。孰能削平，必待圣哲。

赵氏太祖，继以太宗。扫除僭国，宋业以隆。真仁英神，俱称贤君。相王安石，引进小人。新法既变，又复绍述。哲继以徽，误于六贼。金师已逼，始禅于钦。祸如高齐，父子蒙尘。高宗南渡，孝亦贤主。保境全民，光宁理度。又误于奸，留孽使车。大朝以此，问罪兴师。然观赵宋，亦三百祀。

国势如周，弱而已矣。仁厚崇儒，始终不渝。天生大贤，周程张朱。未始得用，如周

kǒng mèng　　zhōu měi mò xún　　sòng yí bú jìng　　bú yòng yú sòng　　biǎo
孔孟。周美莫寻，宋宜不竞。不用于宋，表

zhāng yú jīn　　dào míng qiě xíng　　kāng jì sī mín　　dài jīn píng sòng
彰于今。道明且行，康济斯民。代金平宋，

shì wéi yǒu yuán　　jiǔ shí sān zǎi　　yī shí sì chuán　　hóng wéi shèng
是为有元。九十三载，一十四传。洪惟圣

cháo　　rú rì lì tiān　　hóng jī zhì zhì　　chuí tǒng wàn nián
朝，如日丽天。宏基致治，垂统万年。

史学提要
shǐ xué tí yào

（宋）黄继善 撰
sòng huáng jì shàn zhuàn

扫一扫　听诵读

上古
shàng gǔ

天地未分，惟一气尔。一气混沌，形如
tiān dì wèi fēn　wéi yī qì ěr　yī qì hùn dùn　xíng rú

鸡子。混沌既判，两仪奠位。阳清为天，阴
jī zǐ　hùn dùn jì pàn　liǎng yí diàn wèi　yáng qīng wéi tiān　yīn

浊为地。人生其中，负阴抱阳。三才肇立，
zhuó wéi dì　rén shēng qí zhōng　fù yīn bào yáng　sān cái zhào lì

世号洪荒。茹毛饮血，穴居野处。污尊抔
shì hào hóng huāng　rú máo yǐn xuè　xué jū yě chǔ　wū zūn póu

饮，蒉桴土鼓。是谓上古，结绳而治。无书
yǐn　kuì fú tǔ gǔ　shì wèi shàng gǔ　jié shéng ér zhì　wú shū

kě chuán　　mò zhī shì cì
可传，莫知世次。

sān huáng
三 皇

zhōng gǔ sān huáng　　fén yán dà dào　　fú xī fēng xìng　　mù dé
中古三皇，坟言大道。伏羲风姓，木德

tài hào　　shǐ huà bā guà　　qǔ zé hé tú　　wén jí shū qì　　gāng
太昊。始画八卦，取则河图。文籍书契，纲

gǔ tián yú　　shén nóng jiāng xìng　　huǒ dé yán dì　　jiāo mín lěi sì
罟佃渔。神农姜姓，火德炎帝。教民耒耜，

cháng yào wéi shì　　huáng dì tǔ dé　　xìng yuē gōng sūn　　hào yīn yǒu
尝药为市。黄帝土德，姓曰公孙。号因有

xióng　　míng zé xuān yuán　　yán dì chī yóu　　qiáng bào qīn líng　　bǎn quán
熊，名则轩辕。炎帝蚩尤，彊暴侵陵。阪泉

zhuō lù　　zhàn shèng yǐ bīng　　shǐ chuí yī cháng　　shǐ lì zhì dù　　yǐ
涿鹿，战胜以兵。始垂衣裳，始立制度。以

yún jì guān　　liù xiàng wéi fǔ　　dà náo jiǎ zǐ　　líng lún lù lǚ
云纪官，六相为辅。大挠甲子，伶伦律吕。

róng chéng zào lì　　cāng jié zhì zì　　huà yě fēn zhōu　　zhōu chē gōng
容成造历，仓颉制字。画野分州，舟车宫

shì　　yuè zòu xián chí　　jiān zhì wàn guó　　èr shí wǔ zǐ　　dé xìng
室。乐奏咸池，监治万国。二十五子，得姓

shí sì　　hòu dài dì wáng　　duō qí tǒng xì
十四。后代帝王，多其统系。

五帝

五帝贵德，书称五典。少昊金德，鸟瑞
乃见。颛顼水德，号高阳氏。南正司天，北
正司地。帝喾木德，又号高辛。挚立九年，
禅于放勋。唐尧火德，姓曰伊祁。乃命羲
和，以闰定时。茅茨不剪，堂高三尺。九年
洪水，十日并出。谏鼓谤木，访于衢室。于
变时雍，协和万国。老人击壤，不知帝力。
康衢童谣，莫匪尔极。位七十载，丹朱不
肖。四岳举舜，禅位乃老。舜姓姚氏，居于
妫汭。号为有虞，瞽瞍之子。父顽母嚚，其
弟象傲。舜耕历山，克谐以孝。渔于雷泽，
陶于河滨。尧闻聪明，二女下嫔。历试诸

难，乃使摄位。举十六相，去四凶类。尧崩

三年，土德临治。乃命九官，更相推美。禹

宅百揆，皋陶为士。后夔典乐，伯夷典礼。

契为司徒，弃为后稷。共工者垂，作虞者

益。纳言命龙，谗说是圣。琴弹五弦，南风

阜财。箫韶九成，兽舞凤来。尧舜传心，执

中一语。益以三言，舜以命禹。位五十年，

巡狩南方。崩于苍梧，二妃沉湘。商均不

肖，禅于禹王。

夏

三代称王，祖于夏姒。鲧陻洪水，舜殛

以死。子禹嗣兴，躬乘四载。胼手胝足，八

年于外。任土作贡，六府孔修。洛水出书，

天锡九畴。舜荐于天，遂陟元后。金德尚
忠，铸鼎者九。建寅为正，是曰人统。什一
取民，五十而贡。其学曰校，其乐大夏。殷
周因礼，有损益者。

禹会涂山，崩于会稽。启贤能继，天位
传之。乃伐有扈，书称甘誓。太康游猎，
遂致失位。弈立仲康，由是专权。寒浞杀
弈，并相灭焉。后缗方娠，奔归有仍。乃生
少康，有田一成。臣靡灭足，夏以中兴。杼
槐芒泄，不降弟扃。廑传孔甲，二龙自至。
皋发相承，桀名履癸。倾宫瑶台，以媚妹
喜。酒池运船，糟堤十里。贪虐荒淫，龙逢
谏死。商汤伐之，夏以不祀。自禹至桀，凡
十七世。历年四百，三十有二。周封三恪，
夏后为杞。

shāng
商

契封于商，赐姓子氏。八迁启汤，已十四世。解网三面，诸侯归德。十有一征，始自葛伯。三聘伊尹，学而后臣。伊尹丑夏，说汤救民。释囚夏台，誓师鸣条。桀战败绩，放之南巢。诸侯推汤，水德受命。政乃尚质，地统丑正。什一取民，七十而助。其学曰序，其乐大濩。盘铭九字，日新又新。大旱七年，六事责身。初置二相，伊尹仲虺。厚冠缟衣，改年曰祀。太丁早卒，外丙乃立。仲壬四年，嫡孙承袭。太甲不明，尹放诸桐。悔过复归，遂为太宗。沃丁任贤，咎单训事。太庚小甲，衰于雍己。中宗太戊，相任伊陟。桑穀生朝，懼而修德。巫咸臣扈，辅佐协力。重译来朝，七十六国。仲丁迁嚣，外壬嗣位。子弟争立，乱延九世。河亶甲立，复迁于相。祖乙迁耿，河流奔放。祖辛沃甲，祖丁南庚。至于阳甲，诸侯不庭。盘庚迁亳，三篇谕民。行汤之政，商道复兴。小辛小乙，乃启武丁。是为高宗，能知小人。梦帝赉弼，傅岩得说。立相辅台，霖雨舟辑。雊雉升鼎，祖己训王。反己思道，克伐鬼方。祖庚祖甲，廪辛庚丁。武乙射天，震死渭滨。太丁帝乙，终于受辛。受辛号纣，智足拒谏。始为象箸，父师窃叹。妲己有宠，师延作乐。长夜之饮，刑用炮烙。鹿台聚财，巨桥积粟。刳孕斮涉，罪人以族。比干剖心，箕子佯狂。微子去

之，羑里囚昌。周王举兵，会于孟津。牧野
倒戈，衣宝自焚。殷三十王，六七圣贤。合
为六百，二十八年。奉商之祀，有宋存焉。

周

周家之兴，始于后稷。姬姓开基，有邰
立国。公刘修业，古公避狄。泰伯仲雍，让
为至德。季历傅昌，为商西伯。囚于羑里，
遂演周易。出而专征，化行南域。三分有
二，事商翼翼。渭水出猎，后车载望。虞芮
争田，入界相让。厥既受命，武乃克商。
追王太王，王季文王。武王名发，太公为
师。周吕作辅，荣毕散宜。泰颠闳夭，爰及
南宫。有妇邑姜，十乱心同。观兵孟津，白

渔入舟。不期而会，八百诸侯。纣罔悛心，战于牧野。纣既死焉，放牛归马。伯夷叔齐，扣马谏王。扶而去之，饿于首阳。大告武成，乃反商政。木德尚文，天统子正。什一取民，徹以百亩。其学曰庠，其乐曰武。

胜殷之后，以箕子归。箕陈洪范，建极叙彝。成王幼冲，周公摄政。管蔡流言，公不失圣。明堂受朝，制礼作乐。定鼎郏鄏，卜宅于洛。七年归政，持盈守成。无逸治己，立政用人。施及康王，寝兵措刑。四十余年，洋洋颂声。昭王南征，溺死于汉。穆乘八骏，西巡忘返。瑶池宴乐，徐夷作乱。造父驭归，吕刑乃简。共王灭密，懿王刺诗。孝王封秦，王室衰微。观礼不明，夷王下堂。厉王暴虐，板荡无纲。卫巫监谤，王出奔彘。周召二相，共和而治。小雅尽废，宣王中兴。六月北伐，采芑南征。方叔召虎，申伯山甫。外攘内修，常德立武。王尝晏起，姜后脱珥。废立不顺，莫定鲁嗣。幽为无道，山崩川竭。废后太子，褒姒为孽。申侯召戎，杀王骊山。丰镐旧都，戎生其间。平王东迁，是为东周。诗降国风，世入春秋。自兹以后，徒拥虚器。祝聃射桓，春秋寓意。庄僖齐霸，延及惠襄。宋襄主盟，晋文召王。秦穆悔过，接于顷匄。定朝楚霸，问鼎恃强。简王二年，吴始通晋。灵王庚戌，实生孔圣。时有李耳，是曰老子。著道德经，授之尹喜。景宠子朝，祸延悼敬。夫差句践，吴越互胜。敬世九年，获麟绝笔。其后二年，孔子乃卒。元及贞定，战国交

驰。哀思至考，又分东西。威烈不纲，通鉴
伤之。三家剖晋，赐以爵珪。至安之世，田
亦篡齐。一朝于烈，独有齐威。显王赐秦，
黼黻施彰。商鞅变法，孟荀谈王。慎靓传
报，归秦昭襄。后又七年，东周亦七。自武
至幽，历世十二。自平至敬，又十三世。元
十一世，秦灭报焉。总论周室，三十六传。
合为八百，六十七年。

春秋战国诸侯本末

春秋侯国，离为十二。会伐盟主，五霸
迭起。战国之世，合为七雄。秦利连横，六
国利从。

鲁宅曲阜，成封周公。公留相周，伯禽

就封。王德周公，礼乐是赐。夫子所叹，郊
禘非礼。后十二世，平王东迁。周礼在鲁，
春秋托焉。隐桓庄闵，僖文宣成。襄昭定
哀，讫于获麟。历年二百，四十有二。隐能
让国，其卒遇弑。桓有四子，庄为適嗣。余
为三家，孟叔季氏。十二公内，僖公最贤。
能修泮宫，鲁颂作焉。宣公以后，三桓专
政。昭卒乾侯，鲁人立定。孔子摄相，齐归
侵地。将堕三都，间于群婢。哀公如越，公
室益卑。缪公无人，以安子思。平欲见孟，
臧仓沮之。倾迁卞邑，鲁灭无遗。

齐姜太公，受封营邱。后十二世，僖入
春秋。桓公杀纠，霸业以修。甯戚叩角，管
仲射钩。救邢迁卫，责楚尊周。一匡天下，
九合诸侯。宰孔致胙，盛于葵邱。及溺内

宠，诸子相雠。顷帷妇人，郤克见尤。庄公失德，崔杼作仇。晏婴相景，陈氏薄收。田阚争权，执简徐州。康公迁废，战国田侯。

宋微子启，帝乙之子。周诛武庚，俾奉殷祀。后十二世，宣公让穆。穆立与夷，荷其百禄。华督弑殇，万获弑闵。襄公在位，鹬退星陨。继桓求霸，鹿上主盟。见执于孟，败绩于泓。羊羹不及，华元丧师。景公三言，荧惑遂移。城雀生鹳，偃遂称王。齐湣来伐，桀宋乃亡。

晋祖叔虞，桐叶封唐。子燮称晋，实居晋阳。文侯之命，东迁有光。昭封曲沃，大乱五世。武公并国，请命王使。献惑骊姬，申生缢死。克杀奚齐，以及卓子。惠背秦施，败于韩原。文公在外，凡十九年。五蛇为辅，杀圉而还。纳王定霸，请隧受田。伐原示信，大蒐示礼。报施救宋，修怨曹卫。城濮战胜，践土会盟。谲而不正，以臣召君。襄公墨衰，败秦殽陵。士会迎雍，赵盾弑灵。景作六卿，厉杀三郤。悼公再霸，六官举职。平昭顷定，六卿益强。出公之际，灭范中行。降而衰公，三家灭知。幽烈孝静，分韩赵魏。

楚姓芈氏，鬻熊事文。熊绎始封，子男爵分。若敖蚡冒，筚路蓝缕。熊通僭王，是为楚武。文始都郢，灭邓虏蔡。成盟齐桓，执宋于会。晋文救宋，子玉取败。立嗣不定，熊蹯难待。庄王遂霸，周郊问鼎。杀夏复陈，肉袒赦郑。共败鄢陵，灵辱乾溪。平迩无忌，殁而鞭尸。昭徙都郢，河非获罪。

怀为从长，张仪肆绐。留秦不归，离骚忠爱。顷襄迎妇，陈城敛退。考烈灭鲁，春申封吴。伐秦不利，寿春为都。幽哀负刍，秦杀项燕。王翦虏王，为秦郡焉。

郑桓公友，宣王时封。父子司徒，诗美武公。庄公克段，誓母及泉。取周麦禾，假鲁许田。繻葛之战，敢陵天子。忽突亹仪，五争不已。食鼋染指，灵公见弑。牵羊肉袒，襄公复位。悼成繻僖，晋楚交兵。简公之后，乃与晋平。子产相定，禳灾修德。人思遗爱，如亡亲戚。声公微弱，晋卿侵夺。至于君乙，为韩所灭。

曹叔振铎，武弟启封。后十二世，至于共公。不礼重耳，谏却负羁。晋文来伐，既虏复归。负刍篡立，子臧守节。伯阳梦社，

wéi sòng suǒ miè
为宋所灭。

guǎn cài liú yán　　shū dù qiān sǐ　　cài zhòng gǎi xíng　　wéi zhōu
管蔡流言，叔度迁死。蔡仲改行，为周

qīng shì　　hòu shí yī shì　　āi hóu sǐ chǔ　　mù hóu jì shì　　wéi
卿士。后十一世，哀侯死楚。缪侯继世，为

qí suǒ lǔ　　chǔ miè líng hóu　　yǐ píng jì zhī　　yòu hòu liù shì
齐所虏。楚灭灵侯，以平继之。又后六世，

chǔ miè hóu qí
楚灭侯齐。

chén hú gōng mǎn　　yú shùn zhī yì　　wǔ wáng fēng zhī　　yǐ fèng
陈胡公满，虞舜之裔。武王封之，以奉

shùn sì　　chūn qiū zhī shǐ　　tuó yě bù liáng　　jìng zhòng bēn qí　　jiāng
舜祀。春秋之始，佗也不良。敬仲奔齐，将

yù yú jiāng　　líng gōng xuān yín　　zhēng shū shì nì　　chǔ zhuāng xiàn chén
育于姜。灵公宣淫，征舒弑逆。楚庄县陈，

chéng gōng fù guó　　hòu yòu èr shì　　zǐ liú cuàn lì　　chǔ líng miè
成公复国。后又二世，子留篡立。楚灵灭

zhī　　qì jí dé yì　　wǔ nián lì huì　　chén yóu wèi wáng　　èr shì
之，弃疾得邑。五年立惠，陈犹未亡。二世

wéi mǐn　　kǒng zǐ jué liáng　　èr shí sì nián　　chǔ huì miè zhī　　jìng
为滑，孔子绝粮。二十四年，楚惠灭之。敬

zhòng zhī hòu　　nǎi hóu yú qí
仲之后，乃侯于齐。

wèi zǔ kāng shū　　wéi zhōu sī kòu　　wǔ gōng rù xiàng　　jiǔ shí
卫祖康叔，为周司寇。武公入相，九十

yǐ hòu　　zhōu xū shì huán　　shí què shā hòu　　xuān gōng yín huāng　　dào
以后。州吁弑桓，石碏杀厚。宣公淫荒，盗

shā jí shòu　　yì gōng hào hè　　guó miè yú dí　　wén xǐ chǔ qiū
杀伋寿。懿公好鹤，国灭于狄。文徙楚丘，

齐桓之力。成慢重耳，几亡于晋。献公射鸿，贻怒孙霄。灵为无道，见孔问陈。蒯瞆患母，輒因拒父。结缨而死，伤哉子路。成贬称侯，嗣贬称君。秦并天下，角为庶人。

泰伯作吴，仲雍与俱。周章受国，仲别封虞。寿梦初霸，始用兵车。三子递立，季札不居。阖庐杀僚，贼用专诸。破楚入郢，谋取伍胥。夫差轻越，国灭身屠。

越王句践，伤吴阖庐。夫差报仇，会稽逃遁。枕戈尝胆，竟以沼吴。种因赐剑，范蠡泛湖。七世无疆，楚实灭之。

燕祖召公，太保受封。文居战国，苏秦合从。易初称王，燕齐暂通。哙之让国，齐湣来攻。昭王招贤，为隗筑宫。乐毅为将，破齐有功。惠毅搆隙，齐间得容。丹养壮

士，荆轲图穷。王翦来伐，徙居辽东。秦虏
王喜，燕祚告终。

赵祖造父，凤始受耿。衰辅晋文，守原
任政。盾冒弑君，亡不出境。朔几灭族，屠
岸矫命。婴臼立武，死报宣孟。安于自杀，
简子以定。晋阳保障，尹铎纾民。襄子灭
知，豫让漆身。烈侯分晋，肃侯从亲。武灵
胡服，南欲袭秦。惠文传位，主父被兵。相
如完璧，廉颇负荆。冯亭嫁祸，秦伐孝成。
括读父书，坑卒长平。平原好客，毛遂定
盟。李牧为将，悼襄辟地。幽缪杀之，秦灭
赵氏。

魏始毕万，仕晋受封。绛事晋悼，五利
和戎。舒为昭卿，六家分地。佟孙桓子，共
灭知氏。文侯分晋，田卜为师。武宝山河，

吴起是疑。惠王招贤，髡衍并至。问孟利
国，对以仁义。四世安僖，信陵下士。窃符
救赵，趣驾存魏。秦间得行，再以毁废。景
闵传假，秦灭魏氏。

韩始武子，厥登卿位。起徙居州，虎同
分知。景侯剖晋，哀侯徙郑。昭藏弊袴，不
害修政。宣惠称王，襄僖战伐。桓惠及安，
为秦所灭。

田齐之兴，出自陈完。五世而昌，正卿
曰桓。八世为恒，弑简徐州。曾孙太公，代
姜为侯。威王烹阿，而封即墨。四贤是宝，
魏惠不怿。宣王下士，稷下为盛。见孟雪
宫，说以仁政。湣王灭宋，欲为天子。乐毅
破齐，走莒而死。田单却燕，迎立法章。孟
尝居薛，中立争强。建善事秦，国无战攻。

wǔ guó jì miè　　qiān sǐ yú gòng
五国既灭，迁死于共。

qín
秦

qín xìng yíng shì　　fēi zǐ zhào fēng　　qín zhòng shǐ dà　　shēn sǐ
秦姓嬴氏，非子肇封。秦仲始大，身死

yú róng　　xiāng gōng jiù zhōu　　jí yǒu qí fēng　　xī zhì cí dì　　pìn
于戎。襄公救周，即有岐丰。西畤祠帝，聘

xiǎng shǐ tōng　　mù gōng suì bà　　shū lù qín shì　　sān liáng wéi xùn
享始通。穆公遂霸，书录秦誓。三良为殉，

huáng niǎo shì cì　　xiào gōng rèn yāng　　xī fāng jiàn huì　　dìng lìng biàn
黄鸟是刺。孝公任鞅，西方见彗。定令变

fǎ　　jǐng tián jìn fèi　　huì wén chēng wáng　　zhū hóu gē dì　　chē liè
法，井田尽废。惠文称王，诸侯割地。车裂

shāng jūn　　ér yīn qí zhì　　wǔ chuán zhāo xiāng　　zhōu nǎn xiàn yì　　xiào
商君，而因其治。武传昭襄，周赧献邑。孝

wén zhuāng xiāng　　dōng zhōu bìng rù　　lǚ zhèng jì wèi　　shì wéi shǐ huáng
文庄襄，东周并入。吕政继位，是为始皇。

èr shí liù nián　　jìn bìng liù wáng　　zì chēng wéi zhèn　　jiān hào huáng
二十六年，尽并六王。自称为朕，兼号皇

dì　　chú qù shì fǎ　　hài zhèng rùn wèi　　lǐ sī xiàn yì　　bà hóu
帝。除去谥法，亥正闰位。李斯献议，罢侯

zhì shǒu　　fén shū kēng rú　　yǐ yú qián shǒu　　nán qǔ bǎi yuè　　běi
置守。焚书坑儒，以愚黔首。南取百粤，北

zhù cháng chéng　　héng shí chéng shū　　sòng dé xiāo bīng　　tóu huì jī liàn
筑长城。衡石程书，颂德销兵。头会箕敛，

堑山陻谷。作宫阿房，阁道相属。博浪狙击，沙邱鲍车。赵高矫诏，遂杀扶苏。二世诈立，严刑肆志。指鹿为马，高专决事。斯劝督责，身斩东市。陈涉首倡，豪杰并起。高贼胡亥，立婴为王。婴三族高，降轵道旁。秦自并周，跨五十年。子婴既降，刘项争权。

项羽

项世楚将，梁羽起兵。共立怀王，谋臣范增。梁死定陶，羽救赵城。沛公入关，羽乃强争。烧秦宫室，杀秦子婴。

分王诸将，为宰不平。称楚霸王，都于彭城。放弑义帝，汉兵有名。五年相距，以

七三

力经营。垓下食尽，身死东城。

西汉

西汉高祖，刘邦字季。火德承唐，龙颜特异。神母夜号，芒砀云瑞。始为沛公，爰立赤帜。五星聚井，兵入咸阳。除秦苛禁，约法三章。项氏背约，立为汉王。还定三秦，缟素发丧。破羽彭城，败兵睢水。太公吕后，间行为质。何守关中，调兵给馈。信擒魏代，燕齐风靡。荥阳事急，纪信诈帝。广武数罪，伤胸扪指。鸿沟既割，垓下进兵。汜阳即位，长安作京。宽仁大度，出自天性。知人善任，好谋能听。爪牙信布，腹心良平。郦陆掉舌，萧曹股肱。娄敬和亲，

叔孙制礼。功归三杰，侯先雍齿。舍鲁吕
横，戮丁赦季。惜其不学，矜功任智。伪游
云梦，叛者九起。溺爱戚姬，几易太子。四
皓羽翼，遗患如意。孝惠仁柔，曹相清静。
人彘动心，淫乐伤性。高后称制，擅王禄
产。平勃交驩，北军左袒。孝文继统，玄默
允恭。为汉仁君，庙称太宗。百金惜费，千
里却献。屈己和亲，发愤习战。始开籍田，
始策贤良。三赐田租，六劝农桑。释之当
罚，贾谊上疏。丧服哭昭，金钱愧武。用相
避窦，论将从唐。肉刑已除，礼乐未遑。尺
布兴谣，短丧易制。大醇小疵，仁者之累。
孝景遵业，恭俭清静。既减笞法，又定箠
令。劝课农桑，禁采珠玉。粟红贯朽，家给
人足。天资刻薄，颇任智数。七国同反，竟

斩晁错。失宠废后，以及太子。申屠呕血，亚夫狱死。孝武英锐，乘时丰富。外攘夷狄，内修法度。罢黜百家，表章六经。初立年号，行夏建寅。儒有申董，将有卫霍。质直有黯，滑稽有朔。骞武奉使，汤禹定令。弘羊言利，万石笃行。雄材大略，内实多欲。穷征横敛，神仙土木。刑法烦苛，盗贼弁起。巫蛊之祸，遂及太子。轮台一诏，悔过务农。顾托得人，庙为世宗。孝昭幼冲，委政霍光。上书知诈，明过成王。昌邑淫戏，光立宣帝。综核名实，厉精为治。丙魏贤相，龚黄循吏。充国屯田，定国廷尉。五经博士，讲论同异。海内礼逊，单于慕义。为汉中宗，周宣弁美。惜其杂霸，过于刚毅。霍氏族诛，祸起芒刺。赵盖韩杨，罪不

至死。宦官恭显，外戚许史。西京之亡，实
自帝始。元帝节俭，懦柔不断。祸及萧周，
政由恭显。韦匡贡薛，徒居鼎铉。史丹书
蒲，太子幸免。郅支悬首，昭君兴怨。成帝
渊默，容仪则善。委政王氏，溺爱飞燕。
张禹谄佞，朱云请剑。刘向王章，忠言可
监。哀帝昏愦，丁傅权盛。董贤贵宠，赵昌
谄佞。郑崇王嘉，狱死非命。平及孺子，亦
云不幸。西汉帝系，一十二传。合为二百，
一十二年。

王莽

新室篡逆，起自元后。成帝荒淫，委政
厥舅。五侯并封，黄雾四塞。凤音商根，司

马继职。莽善要誉，谦恭下士。皇统屡绝，奸谋得肆。杨雄大儒，剧秦美新。陈说符命，非一刘歆。始而居摄，三年即真。更名王田，设立五均。法令烦多，盗贼纷乱。十有八年，斩首于汉。

东汉

莽末兵起，人怀刘氏。共立圣公，是为更始。惜其暗懦，不修纲纪。大盗虽除，怨叛复起。齐有张步，赵有王郎。梁有刘永，代有卢芳。东海董宪，洛阳朱鲔。述据成都，嚣据天水。绿林青犊，铜马大枪。赤眉入关，更始就降。世祖光武，同符高祖。赤伏献符，四七为辅。昆阳八千，大破邑寻。

司隶官仪，识者属心。邓禹杖策，冯异屏树。王霸冰合，寇恂牧御。即位鄗南，定都洛阳。访求卓茂，物色严光。息马论道，投戈讲艺。一札十行，直柔为治。深鉴前过，保全功臣。戒存包桑，莫复言兵。文物粲然，吏治亦盛。杜张为守，董刘作令。督责三公，颇伤严峻。事归台阁，其美未尽。显宗明帝，崇师重道。宗祀明堂，辟雍养老。冠带亿万，匈奴入学。抑绝虚誉，吕作雅乐。奈何褊察，自起撞郎。首兴佛教，千载罹殃。章帝长者，庙号为肃。理狱顺时，胎养赐榖。亲祠阙里，讲经虎观。马后俭约，窦氏浸乱。和帝幼冲，宪遂擅权。袁任守正，天子赖焉。既克诛宪，弁及班固。谋之郑众，启宠宦竖。殇安孱弱，政由邓后。计金受官，移民逃寇。黄宪不仕，杨震废死。

近习弄权，祸及太子。阎后贪政，迎立北

乡。顺帝反祚，权出孙王。乳母宋娥，后戚

梁冀。张纲埋轮，左雄封事。忠贤虽多，宦

戚交蔽。冲才三月，质乃遇弑。桓帝诛冀，

政逮五侯。黄琼称疾，皇甫被收。党锢祸

起，名贤皆陷。始于周房，继以岑范。郭贾

陈李，臧否成风。自为祸的，人得弯弓。施

及灵帝，嬖幸愈炽。陈窦受诛，膺等复废。

转徙数百，死者百余。黄巾贼起，党禁乃

除。张赵盘结，税亩鬻爵。何进无谋，外召

董卓。洛阳焚荡，献帝播迁。群雄眈视，禅

魏终焉。东京至此，亦十二帝。共为一百，

九十七岁。两汉相继，四百九年。二十四

君，七制为贤。

三国

汉献之后，鼎峙三国。蜀汉在西，吴南魏北。蜀汉刘备，帝室之胄。三顾孔明，如鱼得水。不背刘表，信义愈明。合从孙权，赤壁功成。从权借荆，袭璋取益。关张爪牙，法正辅翼。权袭杀羽，吴蜀分争。即位武儋，丧师夷陵。崩于永安，顾托葛亮。后帝名禅，委任贤相。开诚布公，心战为上。复修吴好，奖率北向。数出无粮，渭滨屯田。营中星坠，八陈尚传。蒋琬愦愦，董允忠益。费祎泛爱，姜维数出。祇皓预政，国灭于魏。蜀汉二主，四十三岁。

魏武曹操，明略最优。首挟天子，以令

诸侯。破袁虏张，擒布降琮。赤壁败归，崔台以崇。封加九锡，逡巡染指。外以欺人，分香卖履。文帝受禅，偃兵息民。煮豆然其，道亏亲亲。明帝沈毅，开容善直。耽于内宠，务营宫室。邵陵暗弱，何晏败俗。司马争权，曹爽就戮。王凌事败，师遂废帝。高贵攻昭，殒身成济。陈留灭蜀，魏祚亦尽。四十六年，五主归晋。

吴起孙坚，号为破虏。策定江东，谋欲袭许。权因遗业，举贤任能。奄有荆扬，徙治秣陵。周瑜鲁肃，败操赤壁。吕蒙陆逊，袭羽而获。初臣于魏，复通蜀汉。长江天堑，魏文数叹。亮为綝废，休乃杀綝。皓降于晋，极虐且淫。五十二年，吴凡四帝。遡策以来，八十余岁。三国并立，凡六十年。

hòu xiān miè wáng　jìn hùn yī yān
后先灭亡，晋混一焉。

西晋
xī jìn

jìn sī mǎ shì　yì chū xiàng wèi　sān shì zhuān quán　shī zhāo
晋司马氏，懿初相魏。三世专权，师昭
fèi shì　wǔ dì shòu shàn　yǒu zhì nán zhēng　yáng hù wò hù zhāng
废弑。武帝受禅，有志南征。羊祜卧护，张
huá tuī píng　sūn hào lái xiáng　tiān xià hùn yī　zhì qiú suī fén
华推枰。孙皓来降，天下混一。雉裘虽焚，
yáng chē huò nì　chóng kǎi shē chǐ　liú ruǎn hūn hān　jiǎ xún dǎng
羊车惑昵。崇恺奢侈，刘阮昏酣。贾荀党
yǒu　xíng guǎng qīng tán　qiāng hú zá jū　jìn chè wǔ bèi　jīng guó
友，行广清谈。羌胡杂居，尽撤武备。经国
wú móu　fù shā jiè dì　huì dì bú huì　jiǎ hòu yù shì　jì
无谋，复杀介弟。惠帝不慧，贾后预事。既
fèi yáng hòu　tài zǐ yì fèi　liàng wěi bìng zhū　lún shā jiǎ shì
废杨后，太子亦废。亮玮并诛，伦杀贾氏。
yǔn tǎo wú gōng　jiàn shǐ cuàn wèi　jiǒng yòu dié qǐ　yǐng yóng xiāng
允讨无功，建始篡位。冏又迭起，颙颖相
jì　zhāng hàn chún gēng　lù jī hè lì　yuè zhàn dàng yīn　shào xuè
继。张翰莼羹，陆机鹤唳。越战荡阴，绍血
jiàn dì　lǚ jīng bō qiān　chì wéi tài dì　bā wáng xiāng jiàn　tóng
溅帝。屡经播迁，炽为太弟。八王相戕，铜
tuó jīng jí　wǔ hú chéng xìn　yún rǎo zhōng guó　huái dì wǔ nián
驼荆棘。五胡乘衅，云扰中国。怀帝五年，

刘聪盛强。勒执王衍，送帝平阳。愍立四年，为曜所执。洗爵执盖，可为于悒。

东晋

怀愍之后，南北分疆。北陷胡羯，南都建康。东晋元帝，实出牛氏。袭封琅琊，爰即帝位。王导谋主，祖逖自誓。惜其不协，竟失机会。大业未振，祸乱内兴。王敦反叛，忧愤而崩。明帝独断，克清大愍。成帝恭俭，见导必拜。庾亮用事，苏峻叛命。温陶戮力，石头反正。康嗟短祚，穆恃母恩。殷浩一败，权归桓温。哀帝断谷，海西遭废。简文恬畅，无能济世。孝武缵业，天去奸臣。谢安镇浮，淮淝却秦。威灵几振，酒色无度。戏言杀身，可卜晋祚。安帝不慧，衅启桓玄。篡夺迁播，朝野骚然。刘裕讨贼，遂执国柄。弑安立恭，昌明谶应。西晋四帝，都于洛阳。五十二年，东晋渡江。东十一帝，立国偏方。一百四年，禅宋而亡。

晋时五胡十六国

在晋永宁，赵伦篡位。内治不修，四海鼎沸。前赵刘渊，初称汉王。聪执二帝，地据平阳。曜迁长安，始号赵国。金墉战败，灭于石勒。起惠甲子，终成己丑。二十六年，三世绝后。

后赵石勒，居于襄国。奄有中区，风行绝域。季龙悍戾，贼虐其孤。身死未几，兄弟相屠。起成戊子，终穆己酉。冉闵取之，尽杀其后。改号为魏，寻为燕有。

前燕慕容，鲜卑初强。及廆受封，皝遂称王。儁取冉闵，帝号以昌。暐以恪存，而以评亡。起成丙申，三世相传。太和庚午，灭于符坚。

后燕之主，为慕容垂。始奔符秦，国士遇之。淮淝乘败，兴复旧基。宝杀其母，亡国亦宜。起武丙戌，垂始立国。讫安戊戌，燕分南北。

盛为北燕，龙城称帝。冯跋袭熙，十年二世。冯氏二主，居于昌黎。二十八年，拓跋灭之。

德为南燕，起自镇邺。迁于广固，超承其业。隆安庚子，称帝十年。义熙庚戌，刘裕灭燕。

前秦氏种，苻健始王。坚用王猛，国富兵强。擒燕定蜀，平代取凉。百万寇晋，淝泗败亡。丕登衰微，姚氏篡取。起穆壬子，终武甲午。

后秦姚氏，弋仲及襄。自晋归燕，北据许昌。苌乘秦间，窃号争强。兴奉罗什，并有秦凉。刘裕来伐，泓乃出降。孝武甲午，起于北地。复迁长安，讫安丁巳。

西秦乞伏，国据金城。四主至末，赫连兼并。

永兴甲子，李特崛起。后蜀六传，先王后帝。永和丁未，桓温灭势。

前凉张轨，国据姑臧。相承九主，遇苻而亡。

hòu liáng yīn guó　　shǐ yú lǚ guāng　yáo xīng qǔ zhī　　fán lì
后凉因国，始于吕光。姚兴取之，凡历

sān wáng
三王。

nán liáng tū fā　　jū yú guǎng wǔ　　sān wáng xiāng chéng　　qǐ fú
南凉秃发，居于广武。三王相承，乞伏

dài qǔ
代取。

běi liáng jǔ qú　　jū yú zhāng yè　　tuò bá qǔ zhī　　èr zhǔ
北凉沮渠，居于张掖。拓跋取之，二主

shī guó
失国。

xī liáng lǐ hào　　chēng hào dūn huáng　　fán lì sān zhǔ　　bìng yú
西凉李暠，称号敦煌。凡历三主，并于

běi liáng
北凉。

hè lián chēng xià　　dì jù shuò fāng　　tuò bá miè zhī　　sān shì
赫连称夏，地据朔方。拓跋灭之，三世

ér wáng
而亡。

nán sòng
南宋

sòng zǔ liú yù　　cǎo jiān yì hū　　huán xuán shòu shǒu　　fù lì
宋祖刘裕，草间一呼。桓玄授首，复立

diǎn wǔ　　dōng zhǎn yān chāo　　nán miè lú xún　　xī guó hù zòng　　běi
典午。东斩燕超，南灭卢循。西馘护纵，北

取姚泓。泛扫伊洛，声振夷夏。南国之盛，
未有过者。速于篡国，不遑远虑。千里之
秦，付之婴孺。零陵甘逊，毒酒非义。处士
陶潜，惟书甲子。取国以来，清俭有度。诏
除淫祠，斥还筒布。营阳游戏，华林列肆。
徐檀废弑，迎立文帝。元嘉之政，垂三十
年。政平讼理，后世称焉。自坏长城，横挑
强敌。废立狐疑，劭因弑逆。武帝讨贼，湛
于酒色。废帝凶悖，明帝忌刻。苍梧嗜杀，
顺帝禅齐。宋凡八主，才六十期。

南齐

齐萧太祖，分镇淮阴。收养豪杰，以窥
卯金。袁沈败亡，渊俭劝进。金土价同，守

之亦顺。武帝严明，内朝多豫。永明之政，为齐良主。郁林狂纵，西殿进兵。新安寄命，降封海陵。明帝猜忌，残灭骨肉。七王前诛，十王后戮。东昏淫虐，嬖幸三千。潘妃宠极，步步生莲。六贵同朝，衅生萧懿。萧衍起兵，别立和帝。中兴一年，禅位于梁。齐共七主，廿四年亡。

南梁

梁武萧衍，除凶去杀。四更视事，执笔手裂。谨身节用，时和岁丰。舍身同泰，佛教是崇。贪取河南，听信朱异。祸阶侯景，台城饿死。简文博达，受制贼臣。逼禅豫章，土囊杀身。元帝坐视，拥兵上流。父兄既没，乃为身谋。侯景就诛，江陵久留。读书万卷，终为魏囚。敬帝承统，贞阳外至。僧辩已亡，霸先专制。在位三载，禅于霸先。梁共四主，五十六年。

后梁

后梁萧詧，继处江陵。称帝一州，肖琮相承。三十余年，附庸魏境。陈后主时，为隋所并。

南陈

陈武霸先，起于始兴。劝进湘东，翦除贼臣。既受梁禅，政刑未举。舍身庄严，诒谋无取。文帝明俭，投签自警。临海懦弱，安成秉政。宣帝受遗，欺孤自取。乘齐之乱，寿阳启土。及争徐兖，逢周之兴。亡师失将，送败彭城。叔宝荒淫，江孔佞幸。隋师来伐，自投宫井。陈共五王，三十三年。江东王气，于是尽焉。

北魏

魏出鲜卑，或云轩辕。拓跋郁律，生什翼犍。珪称魏王，在晋太元。是为道武，恢拓中原。皇始称帝，属丙申年。设官兴学，计口授田。明元袭位，文武俱全。刘宋受禅，时相后先。大河南北，壤地相连。敬礼崔浩，军国谋焉。太武俭素，威略赫然。北却蠕蠕，西破赫连。既取关洛，尽并凉燕。六州残破，百牢效牵。宗爱谮慝，弑逆不悛。文成静镇，民复安全。献文雄断，南服大启。雅薄富贵，传位太子。崇光退居，冯后鸩弑。孝文美政，多在齐世。班禄均田，定乐制礼。禁断北语，变易服制。迁都洛阳，改姓元氏。问罪有辞，闻丧兵止。宣武嗣位，南梁初起。魏政始衰，幸戚用事。明帝幼冲，灵后淫秽。羽林虎贲，焚张彝第。俨纥弑逆，尔朱讨贼。迎立孝庄，乃求九锡。荣始就刃，兆复犯顺。节闵英毅，高欢启衅。孝武去欢，往就宇文。欢立孝静，东西遂分。道武至闵，魏凡十君。起晋丙戌，终梁甲寅。东魏孝静，凡十六期。禅于高洋，是为北齐。西魏孝武，为泰所酖。文帝

仅全，废帝微甚。恭禅宇文，是为北周。西
凡四主，二十三秋。

北齐

北齐高欢，起讨尔朱。遂废节闵，与武
相图。立静迁邺，鞠躬事主。守节终身，是
为神武。澄顿倨漫，幽帝含章。膳奴杀之，
是为文襄。洋曰文宣，受禅东魏。始而整
肃，终则淫恣。演废子殷，是为孝昭。期年
在位，薄赋轻徭。湛以介弟，入承大统。是
曰武成，帷薄恣纵。后主酣歌，号为无愁。
嫁祸幼主，国亡于周。起梁大宝，终陈大
建。二十八年，六主自擅。

北周

北周宇文，泰起长安。挟魏孝武，以催
高欢。自称太师，而行篡弑。迹其所为，罪
浮高氏。能用苏绰，更定六官。文物法度，
小有可观。觉以冲龄，遂移魏祚。是曰闵
帝，权归于护。天王在位，曾未一期。废为
略阳，寻复弑之。世宗明敏，遇毒糖餲。武
帝自晦，权奸始摧。始亲政事，用法严整。
平齐之后，妃嫔益省。宣帝淫虐，贼杀季
父。五后并立，百戏旁午。传位静帝，幼冲
无辅。杨坚任政，竟夺周祚。陈武丁丑，周
始篡魏。讫宣辛丑，隋文禅位。

隋

隋文杨坚，为周后戚。奸臣矫命，侥幸窃国。九年灭陈，南北混一。卫士传餐，视朝日昃。见食糠豆，流涕自责。开皇仁寿，蕃庶滋殖。然以不学，苛酷忌刻。赋钱铸像，乐止一律。杨素谗言，太子以易。炀帝无道，烝淫弑逆。巡游无度，征伐不息。蝼蚁人民，沙泥金帛。彩树常春，锦帆蔽日。玄感倡乱，盗贼充斥。江陵萧铣，黎阳李密。东都世充，河间建德。薛举金城，李轨凉州。洛中黑闼，马邑武周。四海分溃，江都肆游。李渊入关，恭为赘疣。宇文弑炀，唐承天休。隋共三主，三十八秋。隋有大儒，河汾王通。献策不用，没谥文中。

唐

唐祖李虎，周封唐公。高祖名渊，三世袭封。晋阳裴监，私以侍女。世民文静，因说义举。借助突厥，迎立代王。既克关中，受禅为唐。褒称伏伽，以导谏争。学置生员，州置中正。立嗣无功，宜在秦王。建成元吉，兄弟相戕。太宗英主，日表特异。济世安民，素有大志。十八举兵，削平僭伪。既定内难，亲盟颉利。相有房杜，将有英卫。寇用尉迟，謇用王魏。凌烟功臣，凡二十四。剪须吮血，人思奋厉。口分世业，府兵宿卫。台省寺监，文馆学士。制度纪纲，万目粗备。不任法律，惟行仁义。死囚自归，三钱斗米。好名喜功，矜心易起。十渐不终，闺门多愧。停昏仆碑，滋受谗毁。几败辽东，士马多死。高宗永徽，贞观同风。无忌遂良，辅政协恭。武氏一入，废后夺嫡。倡自义府，成于李勣。天皇风眩，则天专制。裴炎密谋，继废中睿。改唐为周，遂自称帝。告密罗织，委用酷吏。亦有权数，善于用人。徐娄姚魏，皆为名臣。仁杰一语，遂定太子。继荐柬之，满门桃李。中宗久废，五王匡复。恶本不除，反受其戮。韦后预政，三思淫黩。安乐恃宠，卖官鬻狱。在位五年，饼餤中毒。临淄入苑，天星散落。捕斩诸韦，并除安乐。睿宗复立，由子勇略。太平何为，尚欲肆恶。玄宗内禅，收揽权纲。销毁金玉，罢黜锦坊。前相姚宋，继用韩张。开元富庶，贞观可方。张说建议，犷骑以强。兵农既分，府兵遂亡。天宝任政，惟李及杨。专宠太真，溺意霓裳。禄山乘衅，反于渔阳。遂陷两京，蜀道郎当。越岁而归，西内凄凉。二颜忠义，讨贼勤王。李杜文焰，流落毫亡。肃宗为子，受命讨贼。收兵灵武，遽登宸极。两京克复，安史相食。巡远死节，李郭忠力。纪纲不立，专务姑息。内畏张后，外畏辅国。代宗即位，权出阉阍。始则元振，继以朝恩。元载秉政，纪纲紊烦。李郭宿将，犹惧烦言。虽翦朝义，复避吐蕃。柄用奸盗，遂成强藩。德宗发愤，性多猜忌。初相祐甫，四方

望治。及用卢杞，奸邪起势。废租庸调，用
炎两税。竹木间架，增敛无艺。愁叹连甍，
藩镇并起。朱泚犯顺，希烈僭位。奉天播
越，山南困踬。外赖李晟，内依陆贽。既克
反正，益事苛征。琼林私贮，宫市横行。不
信宰相，偏任延龄。守阙论疏，赖有阳城。
藩臣进奉，宦者掌兵。弊政不一，唐室以
倾。顺宗婴疾，近习诡秘。委政冢嗣，斯为
贤矣。宪宗神断，慨然兴起。首擒刘辟，又
执李锜。诱缚从史，扫平元济。师道授首，
承宗献地。初相黄裳，藩绛相继。平淮倚
度，不惑群议。浸以骄侈，进用镈异。凤翔
佛骨，方士柳泌。金丹未效，弘志逆弑。元
和以来，古文特盛。韩柳二家，粹然出正。
穆宗之立，守谦守澄。大行在殡，倡优盛

陈。元魏沮挠，牛李分朋。再失河朔，妄议销兵。敬宗几冠，八关党附。克伸李绛，知礼裴度。丹扆受箴，胜于德祖。灭烛之祸，无良师傅。文宗奇日，召对延英。去奢从俭，咸冀太平。受制家奴，气为拂膺。自比赧献，退惟饮醇。刘蕡对策，有屈莫伸。取谋申锡，不密杀身。甘露之祸，训注小人。武宗英特，克振威权。委任德裕，唐相称贤。既克上党，旋取太原。僧尼归俗，毁佛铸钱。奈何偏惑，受箓崇玄。宣宗沈断，周知情伪。焚香读疏，面受刺史。韦澳处分，令狐多忌。收复河湟，克成先志。一反会昌，营葺废寺。德裕崖州，僧孺内徙。以察为明，无复仁意。号小太宗，比汉宣帝。懿宗好乐，赐予无艺。远迎佛骨，数幸诸寺。

裘甫庞勋，群盗继起。施及僖宗，令孜招
权。仙芝初起，黄巢相挺。两京陷没，乘舆
播迁。重荣构祸，再幸兴元。星流如织，谪
见于天。昭宗明粹，锐意恢复。国老骄恣，
门生屈辱。始讨克用，张浚败覆。继讨茂
贞，让能再衄。华阴流寓，东内幽慼。崔胤
无谋，招贼入屋。宦官尽诛，灭亡愈速。哀
帝幼弱，寄命贼臣。白马之祸，毒流缙绅。
在位二载，禅于朱氏。唐得天下，凡二十
世。享国二百，八十九祀。三宗可称，亦无
全美。

五代

梁祖朱温，巢贼余孽。力屈降唐，滥受

旌节。崔胤召入，荡覆京阙。遂移唐祚，晋
阳祸结。淫虐不悛，子祸亦烈。均王讨贼，
即位大梁。疏弃敬李，信用赵张。刘鄩既
败，又失彦章。梁十七年，灭于后唐。

后唐李氏，本姓朱邪。赤心讨贼，赐属
唐家。克用破巢，功为第一。朱温构隙，求
伸不获。庄宗弱龄，三矢受遗。一解潞围，
出梁不意。北邻契丹，东并刘氏。遂灭朱
梁，以奉唐祀。监军承业，竟负初志。骄心
易生，伶优共戏。将士怨叛，焚以乐器。明
宗胡人，养子借姓。无心得国，祝天生圣。
兵革罕用，年谷屡穰。在位八年，号为小
康。闵帝宽柔，朱冯用事。潞王疑惧，遂篡
大位。醉语一出，致疑石郎。契丹立晋，乃

灭后唐。四主三姓，十三年亡。

晋石敬瑭，尚主永宁。潞王疑之，徙镇天平。借援契丹，侥幸成事。父事德光，贡金割地。齐王骄侈，外挑强敌。弃桑忠谋，用景狂策。契丹大举，遂以亡国。晋十一年，终始夷狄。

汉刘知远，拥兵河东。中原无主，遂相推崇。入承晋统，初无大功。隐帝骄纵，狎昵谄媚。纪纲荡然，头子易帅。杀杨王史，又图郭威。天变迭见，亡国亦宜。二主四年，而周取之。

周祖郭威，花项雀儿。邺都留守，为主所疑。入汴迎赟，卒自为之。立诉讼法，宽税牛皮。杀犯赃吏，拜孔子祠。世宗柴荣，英武有志。首诛樊何，以革前弊。积年骄惰，一旦精锐。南割江淮，西克秦凤。北取三关，夷夏震动。当时贤佐，有如王朴。详定律历，备论礼乐。开边一策，后难先易。天命不佑，君臣早世。寡妇孤儿，卒于恭帝。三主九年，归宋赵氏。五代八姓，五十三年。十三君中，明世为贤。相如冯道，亦无取焉。

五代割据诸国

中原五代，国统相授。诸藩割据，各有先后。吴杨行密，唐爵为王。四主相承，逊于南唐。

nán táng lǐ shēng　　qǐ jìn tiān fú　　kāi bǎo miè zhī　　chuán jǐng
南唐李昇，起晋天福。开宝灭之，传璟

jí yù
及煜。

qián shǔ wáng jiàn　　qǐ táng tiān fù　　tóng guāng miè zhī　　wáng yǎn
前蜀王建，起唐天复。同光灭之，王衍

bèi lù
被戮。

hòu shǔ mèng shì　　èr shì yǒu guó　　qǐ táng tóng guāng　　qì sòng
后蜀孟氏，二世有国。起唐同光，讫宋

qián dé
乾德。

mǎ yīn chēng chǔ　　jù yǒu tán xiāng　　qǐ táng qián níng　　liù shì
马殷称楚，据有潭湘。起唐乾宁，六世

guī táng
归唐。

mǐn wáng shěn zhī　　qián níng shòu jié　　liù shì rù táng　　dì guī
闽王审知，乾宁授节。六世入唐，地归

wú yuè
吴越。

wú yuè qián liú　　sì wáng gòng zhí　　qǐ táng qián níng　　qì sòng
吴越钱镠，四王贡职。起唐乾宁，讫宋

xīng guó
兴国。

nán píng gāo shì　　qǐ liáng kāi píng　　wǔ shì zhì sòng　　qián dé
南平高氏，起梁开平。五世至宋，乾德

cháo jīng
朝京。

nán hàn liú yǐn　　tiān yòu jiàn jié　　qì sòng kāi bǎo　　wǔ shì
南汉刘隐，天祐建节。讫宋开宝，五世

ér jué
而绝。

běi hàn liú mín　　qǐ zhōu guǎng shùn　　zhì sòng xīng guó　　sì shì
北汉刘旻，起周广顺。至宋兴国，四世
ér jìn
而尽。

sòng
宋

sòng zhào tài zǔ　　shēng yú luò yáng　　chì guāng mǎn shì　　huǒ dé
宋赵太祖，生于洛阳。赤光满室，火德
yǐ chāng　　cháng cóng shì zōng　　nán zhēng běi fá　　diǎn jiǎn tiān zǐ　　jiàn
以昌。长从世宗，南征北伐。点检天子，见
yú mù zhá　　qì dān rù kòu　　cāng cù shòu bīng　　chén qiáo xī cì
于木札。契丹入寇，仓卒授兵。陈桥夕次，
huáng páo jiā shēn　　lǎn pèi shì shī　　shì bú yì sì　　hán tōng shòu
黄袍加身。揽辔誓师，市不易肆。韩通受
zèng　　yàn shēng jiàn qì　　cóng róng bēi jiǔ　　fāng zhèn bà bīng　　bù róng
赠，彦昇见弃。从容杯酒，方镇罢兵。不容
hān shuì　　pō chū wēi xíng　　èr lǐ zì fén　　jīng hú dǐ dìng　　mèng
鼾睡，颇出微行。二李自焚，荆湖底定。孟
chǎng shù xiáng　　liú chǎng guī mìng　　jiāng nán jì xià　　qián chù cháo jīng
昶竖降，刘鋹归命。江南既下，钱俶朝京。
wǔ xīng jù kuí　　tiān qǐ tài píng　　xiàng xū dú shū　　jiàng hèn duō
五星聚奎，天启太平。相须读书，将恨多
shā　　pǔ bú shì juàn　　bīn néng bù fá　　biān shuài jiǔ rèn　　shǒu zú
杀。普不释卷，彬能不伐。边帅久任，守倅

权分。殿帘布缘，轩豁诸门。杜后遗言，传
位二弟。烛下柱斧，难逃异议。太宗继业，
虎步龙行。钱陈纳土，北汉底平。卒其伐
功，混一天下。北遗幽蓟，西缺灵夏。科场
得士，三馆崇文。鸡鸣听政，为旱自焚。武
功自刿，秦王窜死。兄弟不容，于斯为愧。
真宗即位，沆相咸平。诸陈利害，一切不
行。景德却敌，准决亲征。驾幸澶渊，契丹
请盟。钦若谮准，天书作伪。祥符封禅，旦
不得志。天禧寝疾，丁谓擅权。潜结内侍，
贬窜诸贤。擅移山陵，王曾独对。窜谓崖
州，莫不称快。仁宗天圣，刘后贪权。垂帘
听政，凡十一年。明道亲政，再相夷简。遂
废郭后，并逐台谏。景佑以来，灾异荐臻。
宝元康定，西鄙数惊。露跣致祷，忍饥戒

杀。追及庆历，圣德旁达。杜富韩范，四相在庭。天章给札，责以太平。欧余王蔡，四谏举职。锡之品服，以旌其直。契丹修好，元昊称臣。皇祐征蛮，将有狄青。至和嘉祐，长养多士。四十二年，风淳俗美。英宗潜邸，恂恂儒者。仁考贤之，付以天下。入承大统，疾起忧疑。两宫调护，赖有韩琦。治平四年，动询故事。群贤纷纷，唯因濮议。昭陵以来，古文大兴。倡于欧阳，继以苏曾。英神之际，学明性理。周传二程，以及张子。温公通鉴，康节先天。降而熙丰，新学兴焉。神宗求治，勇于有为。既得安石，用之不疑。讲行新法，傅会经义。制置三司，编修条例。招来新进，摈黜老成。韩绛传法，惠卿叛荆。熙河重费，方腊终陷。

子雾既死，上亦益厌。吕诲先见，苏洵辩奸。天津杜鹃，气候循环。哲宗初年，高后临政。元祐多贤，女中尧舜。司马作相，吕范同升。大防刘挚，误欲调停。川洛朔党，自相攻击。清臣温伯，首倡绍述。章惇入相，舟势益偏。邢蔡羽翼，痛贬群贤。诋诬宣仁，首废孟后。大兴诏狱，议及冢枢。徽宗初载，颇复元祐。向后还政，绍述如旧。建中靖国，布欲兼行。崇宁以后，专向蔡京。刻立党碑，籍记书疏。父子相轧，倡言丰豫。内侍童贯，太师封王。朱勔父子，花石起纲。师成阴贼，引荐王黼。李彦括田，三路愁苦。兴崇道学，教主道君。妄谋北伐，外结女真。辽国既亡，金人借隙。童贯逃归，长驱至国。钦宗内禅，初用李纲。窜殛六贼，呂李纲还。邦彦浪子，主和误国。

继用南仲，遂堕其计。二帝北狩，康王南

迁。东京一百，六十七年。

南宋

高宗讳构，徽第九子。初封康王，靖康

出使。磁相遮留，元帅呂兵。京城已陷，移

驻东平。二帝北行，邦昌僭伪。遂趋应天，

建炎即位。罢窜南仲，呂相李纲。才七十

日，粗立边防。汪黄主和，遣使祈请。首诛

东彻，决策南幸。宗泽留守，力请不还。发

愤而卒，两河陷焉。自扬而杭，苗刘犯义。

二凶方除，金人大至。江淮残破，海道颠

沛。金山一战，兀术乃退。浚入陕西，蜀得

二吴。刘豫称齐，僭据旧都。绍兴以来，始用鼎浚。张韩刘岳，兵声大振。南侵不利，金国事多。秦桧为间，极力主和。岳飞被戮，张赵远窜。胡铨一疏，志士扼腕。桧专秉政，一十八年。偷安患失，境土莫全。逆亮渝盟，中外震慑。皂林既胜，胶西亦捷。亮有内变，驻军鸡笼。允文视师，采石奏功。葛王入燕，逆亮被弑。金使牒来，复寻和议。光尧内禅，居德寿宫。太祖之后，是为孝宗。隆兴初元，锐意恢复。一举无功，和好是续。乾道淳熙，无复经营。朱张吕陆，道学大兴。金主世宗，号小尧舜。南北相安，彼此无衅。孝奉德寿，二十六年。退居重华，日奉几筵。光宗受禅，李后妒悍。语言不逊，两宫离间。惊疑得疾，莫执重丧。宁宗即位，移处寿康。俛冒因缘，自负定策。汝愚贬死，朱熹党籍。开禧用兵，边衅遂开。西陷蜀汉，东扰荆淮。诛凶函首，和使复遣。嘉定以来，政由弥远。乃废济邸，迎立理宗。李全复叛，入洛无功。真魏在朝，成大诋毁。绍定大臣，卧而燮理。端平亲政，元祐并称。嘉熙以后，邪正相倾。雠金虽亡，鞑靼接境。全蜀失陷，淮甸屡警。庚子荒旱，壬子水伤。卢董嬖幸，阎马丁当。北军渡江，将谋迁避。遭逢大丧，遂成和议。似道入相，打算阃臣。窜杀吴向，公田害民。甲子升遐，度宗登极。十年天子，酖于酒色。师臣专制，杜绝人言。拘留北使，不救襄樊。天目自崩，大兵南下。芜湖夜溃，无遏敌者。德祐幼主，降于大元。

二王航海，崖山灭焉。百五十年，临安驻跸。赵氏总年，三百十七。

有元世系，共十四主。姓奇渥温，蒙古部类。幸处中华，九十三禩。庚申顺天，退让北去。